Impressum
Verlag: BABADADA GmbH, Nedderfeld 112 , 22529 Hamburg
Geschäftsführer / Verlagsleitung: Harald Hof
Druck: Books on Demand GmbH, In de Tarpen 42, 22848 Norderstedt

Imprint
Publisher: BABADADA GmbH, Nedderfeld 112 , 22529 Hamburg, Germany
Managing Director / Publishing direction: Harald Hof
Print: Books on Demand GmbH, In de Tarpen 42, 22848 Norderstedt, Germany

ትምህርት ቤት

مدرسه

መማሪያ ክፍል
کلاس درس
ማካፈል
تقسیم کردن
186/2
ሰሌዳ
تخته
የትምህርት ቤት ቅጥር ግቢ
መምህር
معلم
ወረቀት
کاغذ
መፃፍ
نوشتن
እስክሪብቶ
خودکار
መፃፊያ ጠረጴዛ
میز تحریر
ማስመሪያ
خط کش
کتاب
ተማሪ
دانش آموز

የጀርባ ቦርሳ

کیف مدرسه

የእርሳስ መያዣ

جامدادی

እርሳስ

مداد

የእርሳስ መቅረጫ

تراش

ላጲስ

پاک کن

የስዕል ደብተር

دفتر رسم

ስዕል

طراحی

የቀለም ብሩሽ

قلم مو

የቀለም ሳጥን

جعبه ی آبرنگ

መቀስ

قیچی

ማጣበቂያ

چسب

መልመጃ ደብተር

کتاب تمرین

የቤት ስራ

تکلیف خانه

ቁጥር

رقم

መደመር

جمع کردن

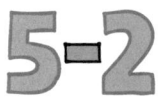

መቀነስ

تفریق کردن

ማባዛት

ضرب کردن

ቁጥሮችን ማስላት

محاسبه کردن

ደብዳቤ

حرف الفبا

ፊደላት

الفبا

ቃል

کلمه

ፅሑፍ

متن

ማንበብ

خواندن

ጠመኔ

گچ

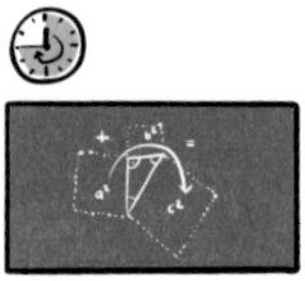

ትምህርት

درس

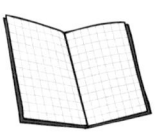

ምዝገባ

ثبت نام

ፈተና

امتحان

ሰርተፊኬት

مدرک رسمی

የትምህርት ቤት የደንብ ልብስ

لباس مدرسه

ትምህርት

تحصیلات

አዉደ ጥበብ

دانشنامه

ዩኒቨርስቲ

دانشگاه

የምርምር አጉሊ መሳርያ

میکروسکوپ

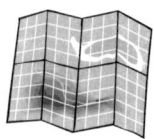

ካርታ

نقشه

የቆሻሻ ወረቀት መጣያ ቅርጫት

سبد کاغذ باطله

ሆቴል
هتل
ማረፊያ ቤት
مسافرخانه
ROOMS
የዉጭ ገንዘብ ምንዛሪ ቢሮ
صرافی
ልብስ መያዣ ሻንጣ
چمدان
መኪና
اتومبیل

ቋንቋ

زبان

አዎ/ አይደለም

بله / خیر

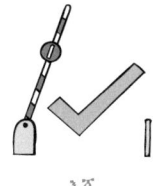

እሺ

اکی

ሰላም

سلام

አስተርጓሚ

مترجم

አመሰግናለሁ

ممنون

ስንት ነዉ.......?

....

قیمت ... چه قدر است؟

አልገባኝም

....

من متوجه نمی شوم

እክል

....

مشکل

እንደምን አመሹ!

....

عصر بخیر! / شب بخیر!

እንደምን አደሩ!

....

صبح بخیر!

መልካም ምሽት!

....

شب بخیر!

ደህና ይሰንብቱ

....

خدانگهدار

አቅጣጫ

....

جهت

ሻንጣ

....

بار سفر

ቦርሳ

....

کیف

የጀርባ ቦርሳ

....

کوله پشتی

እንግዳ

....

مهمان

ክፍል

....

اتاق

የመተኛ ቦርሳ

....

کیسه خواب

ድንኳን

....

خیمه

የጎብኚዎች መረጃ

....

مرکز راهنمای گردشگران

የባህር ዳርቻ

....

ساحل

ክሬዲት ካርድ

....

کارت اعتباری

ቁርስ

....

صبحانه

ምሳ

....

نهار

እራት

....

شام

ቲኬት

....

بلیط

አሳንሰር

....

آسانسور

ማህተም

....

مهر

ድንበር

....

مرز

ባህሎች

....

گمرک

ኤምባሲ

....

سفارتخانه

ቪዛ/የይለፍ ወረቀት

....

ویزا

ፓስፖርት

....

گذرنامه

መጓጓዣ

حمل و نقل

መርከብ
کشتی
አዉሮፕላን
هواپیما
የእሳት አደጋ መኪና
ماشین آتش نشانی
የጭነት መኪና
کامیون
اتوبوس
የሞተር ጀልባ
قایق موتوری
መኪና
اتومبیل
ብስክሌት
دوچرخه

የማመላለሻ ጀልባ

کشتی مسافربری

ጀልባ

قایق

የሞተር ብስክሌት

موتورسیکلت

የፖሊስ መኪና

ماشین پلیس

የዉድድር መኪና

ماشین مسابقه

የኪራይ መኪና

ماشین کرایه ای

የመኪና መጋራት

به اشتراک گذاری اتوموبیل

ጎታች መኪና

جرثقیل

የቆሻሻ ጭነት መኪና

ماشین حمل زباله

ሞተር

موتور

ነዳጅ

بنزین

የቤንዚን ማደያ

پمپ بنزین

የመንገድ ምልክት

تابلو راهنمایی و رانندگی

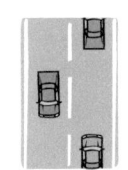

የመኪኖች እንቅስቃሴ

عبور و مرور

የመኪና መጨናነቅ

ترافیک

የመኪና ማቆሚያ

پارکینگ

የባቡር ጣቢያ

ایستگاه قطار

የባቡር ሀዲዶች

ریل راه آهن

ባቡር

قطار

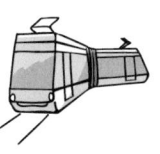

የኤሌክትሪክ ባቡር

قطار برقی

ሰረገላ

واگن

ሄሊኮፕተር

هلیکوپتر

አየር ማረፊያ

فرودگاه

ማማ

برج

መንገደኛ

مسافر

ማስቀመጫ፤ ማጠራቀሚያ

کانتینر

ካርቶን እቃ ማሸጊያ

کارتن

ጋሪ፤ ተሳቢ

گاری

ቅርጫት

سبد

መነሳት/ ማረፍ

به پرواز درآمدن / فرود آمدن

ከተማ

شهر

መንደር

دهکده

የከተማ ማዕከል

مرکز شهر

ቤት

خانه

CINEMA
የመንገድ ዳር መብራት
چراغ خیابان
መንገድ
خیابان
ታክሲ
تاکسی
የቁርስ መቆያ ሱቅ
دکه
እግረኛ
عابر پیاده
ድንጋይ የተነጠፈበት የእግረኛ መንገድ
پیاده رو
የእግረኛ መሻገሪያ
خط کشی عابر پیاده
የቆሻሻ ማጠራቀሚያ
سطل آشغال بزرگ
ማቋረጫ
چهارراه
የትራፊክ መብራቶች
چراغ راهنما

ጎጆ

کلبه

አፓርታማ

آپارتمان

የባቡር ጣቢያ

ایستگاه قطار

የከተማ አዳራሽ

ساختمان شهرداری

MUSEUM

ቤተ መዘክር

موزه

ትምህርት ቤት

مدرسه

ዩኒቨርስቲ

دانشگاه

ባንክ

بانک

ሆስፒታል

بیمارستان

ሆቴል

هتل

መድሐኒት ቤት

داروخانه

ቢሮ

اداره

መፅሐፍ መሸጫ

کتابفروشی

ሱቅ

مغازه

የአበባ መሸጫ

گل فروشی

የሸቀጣ ሸቀጥ መደብር

سوپرمارکت

ገበያ ስፍራ

بازار

መደብር

فروشگاه بزرگ

የዓሳ ነጋዴ

ماهی فروش

የገበያ ማዕከል

مرکز خرید

ወደብ

بندر

መናፈሻ ቦታ

پارک

አግዳሚ ወንበር

نیمکت

ድልድይ

پل

ደረጃዎች

پله

ዉስጥ ለዉስጥ

مترو

ዋሻ

تونل

የአዉቶቡስ ፌርማታ

ایستگاه اتوبوس

ባር

میخانه

ምግብ ቤት

رستوران

የፖስታ ሳጥን

صندوق پست

የመንገድ ምልክት

تابلوی خیابان

የመኪና ማቆሚያ ሒሳብ የሚያስላ ማሽን

دستگاه پارکومتر

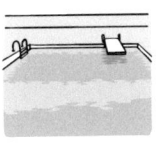

የደር እንስሳት ማቆያ

باغ وحش

የመዋኛ ገንዳ

استخر شنای عمومی

መስጊድ

مسجد

እርሻ
··········
مزرعه

የሚበክል ነገር
··········
آلودگی محیط زیست

መቃብር ስፍራ
··········
قبرستان

ቤተ ክርስቲያን
··········
کلیسا

መጫወቻ ሜዳ
··········
زمین بازی

ቤተ መቅደስ
··········
معبد

መልከዓምድር
چشم انداز

ቅጠል
برگ

የመንገድ ላይ ምልከት
تابلوی راهنمای مسیر

መንገድ
راه

አረንጓዴ መስክ
چمنزار

በእግር የሚንዝ
راه نورد

ድንጋይ
سنگ

ዛፍ
درخت

ወንዝ
رودخانه

ሳር
چمن

አበባ
گل

ሸለቆ

دره

ኮረብታ

تپه

ሀይቅ

دریاچه

ጫካ

جنگل

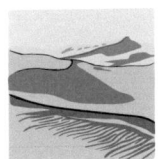

በረሃ

بیابان

እሳተ ገሞራ

کوه آتشفشان

ግምብ

قلعه

ቀስተ ዳመና

رنگین کمان

እንጉዳይ

قارچ

የቴምብር ዛፍ/ ዘንባባ

درخت نخل

ቢንቢ/ የወባ ትንኝ

پشه

በራሪ

مگس

ጉንዳን

مورچه

ንብ

زنبور

ሸረሪት

عنکبوت

ጢንዚዛ

سوسک

እንቁራሪት

قورباغه

ሽኮኮ

سنجاب

ጃርት

جوجه تیغی

ጥንቸል

خرگوش صحرایی

ጉጉት ወፍ

جغد

ወፍ

پرنده

የዉሃ ዳክዬ

قو

ከርከሮ

گراز

አጋዘን

گوزن نر

አጋዘን

گوزن شمالی

ግድብ

سد آب

በነፋስ የሚሽከረከር

توربین بادی

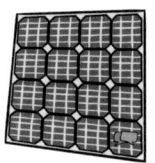

የፀሀይ ፓኔሎ

صفحه ی خورشیدی

አየር ንብረት

آب و هوا

رستوران

አስተናጋጅ
پیشخدمت رستوران
ማዉጫ
منوی غذا
ወንበር
صندلی
ሾርባ
سوپ
ፒዛ
پیتزا
መክተፊያ
سرویس کارد و قاشق و چنگال
የጠረጴዛ ጨርቅ
رومیزی

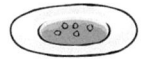

የምግብ ፍላጎትን የሚከፍት ምግብ

پیش غذا

ዋና ምግብ

غذای اصلی

ማጣጣሚያ ተከታይ ምግብ

دسر

መጠጦች

نوشیدنی ها

ምግብ

غذا

ጠርሙስ

بطری

ፈጣን ምግብ

فست فود

የመንገድ ምግብ

اغذیه خیابانی

የሻይ ማንቆርቆሪያ

قوری

የስኳር እቃ

قندان

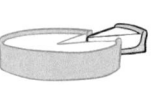

ድርሻ

پُرس غذا

የቡና ማፊያ ማሽን

دستگاه اسپرسو

ባለጌ ወንበር

صندلی پایه بلند غذاخوری بچه

የክፍያ ደረሰኝ

صورتحساب

ትሪ

سینی

ቢላዋ

چاقو

ሹካ

چنگال

ማንኪያ

قاشق

የሻይ ማንኪያ

قاشق چایخوری

ልብስ ምግብ እንዳይነካ የሚረዳ ጨርቅ

دستمال سفره

ብርጭቆ

لیوان

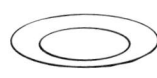

ዝርግ ሰሀን

....

بشقاب

የሾርባ ጎድጓዳ ሰሀን

....

بشقاب سوپخوری

የስኒ ማስቀመጫ

....

نعلبکی

ማጣፈጫ ስጎ

....

سس

የጨዉ እቃ

....

نمکدان

የተፈጨ ቃሪያ

....

فلفل ساب

ኮምጣጤ

....

سرکه

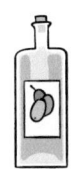

የምግብ ዘይት

....

روغن خوراکی

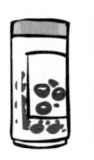

ቀመማ ቅመሞች

....

ادویه جات

የቲማቲም ድልህ

....

سس کچاپ

ሰናፍጭ

....

سس خردل

ማዮኒዝ

....

سس مایونز

የሸቀጣ ሸቀጥ መደብር

سوپرمارکت

ልዩ አቅራቦት
پیشنهاد ویژه
FOR
ደምበኛ
مشتری
የወተት ተዋፅዖ
لبنیات
ፍራፍሬ
میوه جات
ባለ ጎማ የእጅ ጋሪ
چرخ دستی خرید

ሉካንዳ ነጋዴ

قصابی

መጋገርያ

نانوایی

ክብደት መመዘን

وزن کردن

ቅጠላ ቅጠል አትክልት

سبزیجات

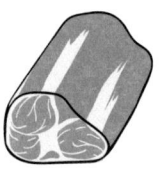

ስጋ

گوشت

የቀዘቀዘ/የረጋ ምግብ

غذای منجمد

ቀዝቃዛ ቁራጭ

....

مخلوطی از انواع کالباس یا پنیر که ورقه ای بریده شده باشند

የታሸገ ምግብ

....

غذای کنسروی

የማጠቢያ ዱቄት

....

پودر لباسشویی

ጣፋጮች

....

شیرینی جات

የቤት ዉስጥ ዉጤቶች

....

لوازم خانگی

የፅዳት ምርቶች

....

ماده شوینده و پاک کننده

የሽያጭ ባለሙያ

....

فروشنده

የገንዘብ መመዝቢያ ማሽን

....

صندوق پرداخت

የሒሳብ ሰራተኛ

....

صندوقدار

የግዢ ዝርዝር

....

لیست خرید

ክፍት ሰዓታት

....

ساعات کار

የኪስ ቦርሳ

....

کیف پول

ክሬዲት ካርድ

....

کارت اعتباری

ቦርሳ

....

کیف

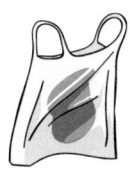

የፕላስቲክ ቦርሳ

....

کیسه ی پلاستیکی

መጠጦች
نوشیدنی ها

ውሃ

آب

ጭማቂ

آبمیوه

ወተት

شیر

ኮካ-ኮላ

نوشابه کوکاکولا

ወይን

شراب

ቢራ

آبجو

አልኮል

الکل

ኮካ

کاکائو

ሻይ

چای

ቡና

قهوه

የተፈላ ቡና

قهوه اسپرسو

ካፑቺኖ

کاپوچینو

ምግብ
غذا

ሙዝ

موز

ፖም

سیب

ብርቱካን

پرتقال

ሀብሀብ

انواع هندوانه و خربزه

ሎሚ

لیمو

ካሮት

هویج

ነጭ ሽንኩርት

سیر

ሸምበቆ

نی بامبو

ቀይ ሽንኩርት

پیاز

እንጉዳይ

قارچ

ለዉዝ

آجیل

የህፃናት ምግብ

ماکارونی

ፓስታ

اسپاگتی

ሩዝ

برنج

ሰላጣ

سالاد

የድንች ጥብስ

سیب زمینی سرخ کرده

ድንች ጥብስ

سیب زمینی سرخ شده

ፒዛ

پیتزا

ዳቦ ዉስጥ በስሱ ተጠብሶ የገባ ስጋ

همبرگر

ሳንድዊች

ساندویچ

ጥሬ ስጋ

شنیتسل

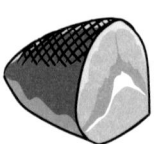

የአሳማ ስጋ

ژامبون خوک

በቅመምና በጨዉ የታሸ ምግብ ቀዝቅዞ የሚበላ ሾርባ ምግብ

سالامی

ቋሊማ

سوسیس

ዶሮ

مرغ

ጥብስ

نوعی گوشت سرخ شده

አሳ

ماهی

የአጃ ገንፎ

جوی پرک شده

ከወተት ጋር ተደባልቀዉ የሚበሉ ምግቦች

نوعی صبحانه مخلوطی از برگه ذرت و میوه های خشک شده و خشکبار که معمولا با شیر خورده می شود

የበቆሎ ቅርፊት

کورنفلکس

ዱቄት

آرد

ኩራሳ

کرواسان

ድብልብል ዳቦ

نان بروتشن

ዳቦ

نان

መጥበስ

نان تست

ብስኩት

بیسکویت

ቅቤ

کره

እርጎ

کشک

ኬክ

کیک

እንቁላል

تخم مرغ

እንቁላል ጥብስ

تخم مرغ نیمرو

አይብ

پنیر

የበረዶ ክሬም

بستنی

ስኳር

شکر

ማር

عسل

ማርማላት

مربا

የተናጠ የወተት ክሬም

کرم شکلاتی بادامی

ማጣፈጫ

ادویه کاری

እርሻ
مزرعه

የገበሬ ቤት
خانه ی مزرعه داران
የእህልና የከብት ማቀመጫ ቤት
انبار غله
የጭድ ክምር
خرمن کاه
ሜዳ
مزرعه
ፈረስ
اسب
ተሳቢ መኪና
ماشین یدک کش
የእርሻ መኪና
تراکتور
የፈረስ ዉርንጭላ
کره اسب
አህያ
خر
በግ
گوسفند
የበግ ጠቦት
بره

ፍየል

بز

ላም

گاو ماده

ጥጃ

گوساله

አሳማ

خوک

ግልገል አሳማ

بچه خوک

ኮርማ

گاو نر

እርሻ - مزرعه 27

ዝይ

غاز

ዳክዬ

اردک

የዶሮ ጫጩት

جوجه

ዶሮ

مرغ

አዉራ ዶሮ

خروس

አይጥ

موش صحرایی

ድመት

گربه

አይጥ

موش

በሬ

گاو نر اخته

ዉሻ

سگ

የዉሻ ቤት

لانه ی سگ

የአትክልት ቦታ

شلنگ باغبانی

ዉሃ ማጠጫ ባልዲ

آبپاش

ረጅም ማጭድ

داس دسته بلند

ማረሻ

گاوآهن

ማጭድ

داس

መኮትኮቻ

کج بیل

የእህል መንሽ

چنگک باغبانی

መጥረቢያ

تبر

ኩርኩር/ የእጅ ጋሪ

فرقون

ገንዳ

آبشخور

የወተት ዕቃ

بطری نگهداری شیر

ጆንያ ከረጢት

کیسه

አጥር

حصار

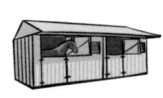

የፈረስ ጋጣ

اصطبل

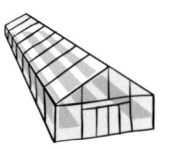

ዕፅዋት ማሳደጊያ የመስታዉት ቤት

گلخانه

አፈር

خاک

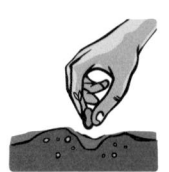

ዘር

بذر

የመሬት ማዳበሪያ

کود

ጥምር ማረሻ

ماشین کمباین

አዝመራ መሰብሰብ

برداشت کردن محصول

አዝመራ

محصول

ድንች

تمیس

ስንዴ

گندم

ሶያ

سویا

ድንች

سیب زمینی

በቆሎ

ذرت

የከብት መኖ

کلزا

የፍሬ ዛፍ

درخت میوه

የካሳቫ ዛፍ

گیاه مانیوک

እህል

غلات

ቤት
خانه

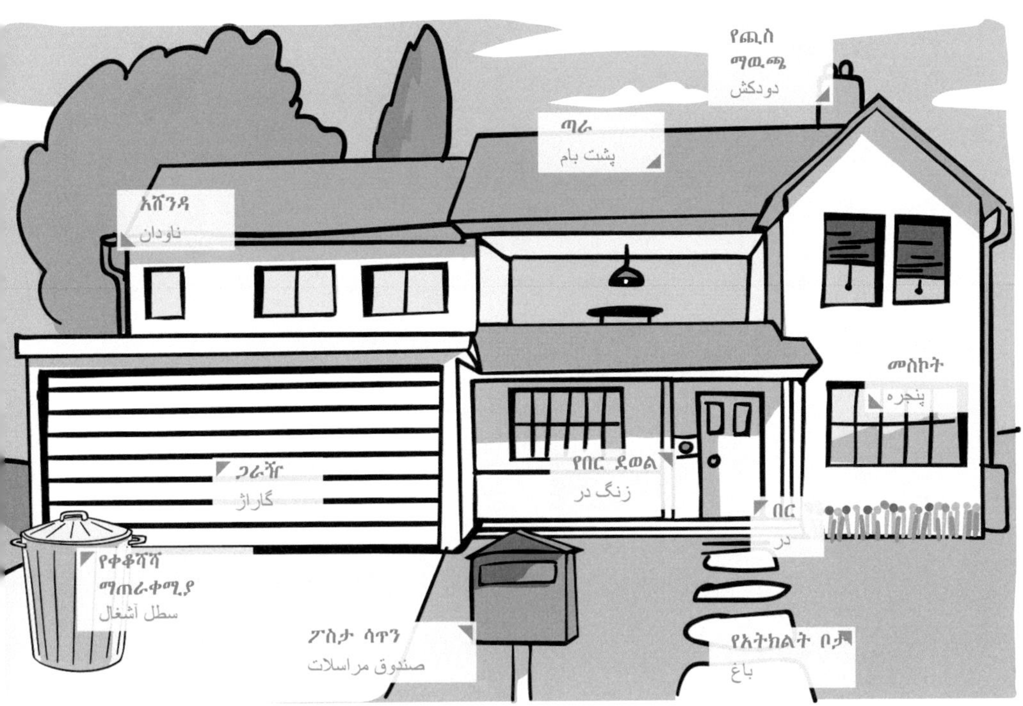

የጪስ ማዉጫ
دودکش
ጣራ
پشت بام
አሸንዳ
ناودان
መስኮት
پنجره
ጋራዥ
گاراژ
የበር ደወል
زنگ در
በር
در
የቆሻሻ ማጠራቀሚያ
سطل آشغال
ፖስታ ሳጥን
صندوق مراسلات
የአትክልት ቦታ
باغ

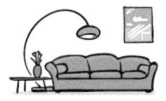

ሳሎን

اتاق نشیمن

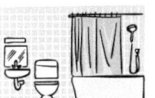

መታጠቢያ ቤት

حمام

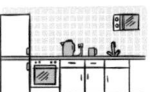

ማድቤት

آشپزخانه

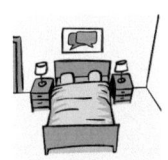

መኝታ ቤት

اتاق خواب

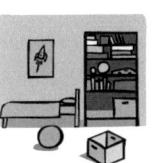

የልጅ ክፍል

اتاق بچه

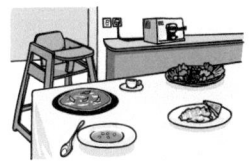

መመገቢያ ክፍል

ناهارخوری

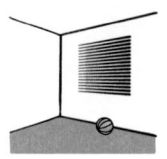

ወለል

کف زمین

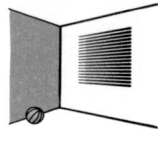

ግድግዳ

دیوار

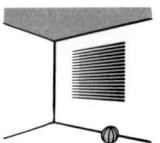

ጣሪያ

سقف

ምድር ቤት

زیرزمین

በእንፋሎት ሙቀት መታጠቢያ ቤት

سونا

ሰገነት

بالکن

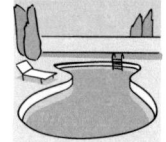

ከፍ ያለ መደብ

تراس

የመዋኛ ገንዳ

استخر

የማጨጃ መኪና

ماشین چمن‌زنی

አንሶላ

ملافه

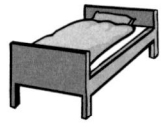

የአልጋ ልብስ

روتختی

አልጋ

تخت خواب

መጥረጊያ

جارو

ባልዲ

سطل

ማብሪያና ማጥፊያ

سویچ یا کلید

ሳሎን

اتاق نشیمن

የግድግዳ ወረቀት
کاغذ دیواری
ፎቶ
عکس
መብራት
لامپ
መደርደሪያ
قفسه
ቁም ሳጥን፣ ካቢኔ
کابینت
تلویزیون
የእሳት መሞቂያ
شومینه
አበባ
گل
ትራስ
کوسن
ሶፋ
کاناپه
የአበባ ማስቀመጫ
گلدان
ሪሞት ኮንትሮል
کنترل تلویزیون و ویدئو و غیره

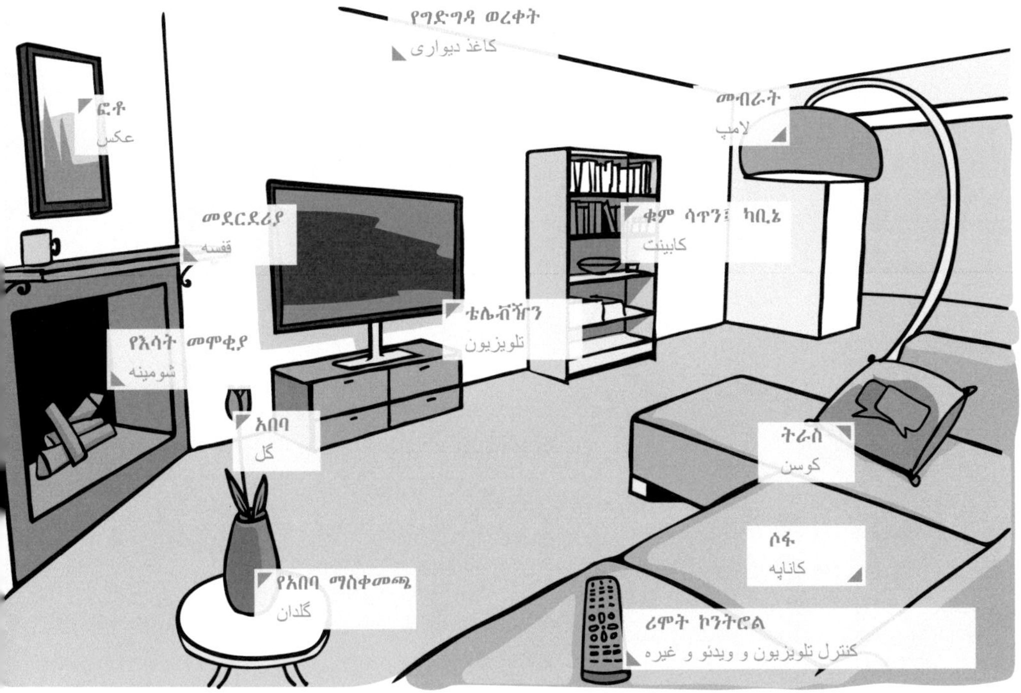

ንጣፍ

فرش

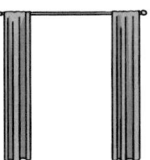

መጋረጃ

پرده

ጠረጴዛ

میز

ወንበር

صندلی

ተወዛዋዥ ወንበር

صندلی گهواره ایی

ባለመደገፊያ ወንበር

صندلی راحتی

መጽሐፍ

کتاب

ብርድ ልብስ

لحاف

ጌጥ

دکوراسیون

ማገዶ

هیزم

ፊልም

فیلم

የሙዚቃ መማጫወቻ

دستگاه ضبط صوت

ቁልፍ

کلید

ጋዜጣ

روزنامه

ስዕል

تابلو نقاشی

የተለጠፈ ማስታወቂያ እንደ ስዕል

پوستر

ራዲዮ

رادیو

ማስታወሻ ደብተር

دفترچه یادداشت

የአየር ማፅጃ ለምንጣፍ

جاروبرقی

ቁልቋል

کاکتوس

ሻማ

شمع

ማድቤት
آشپزخانه

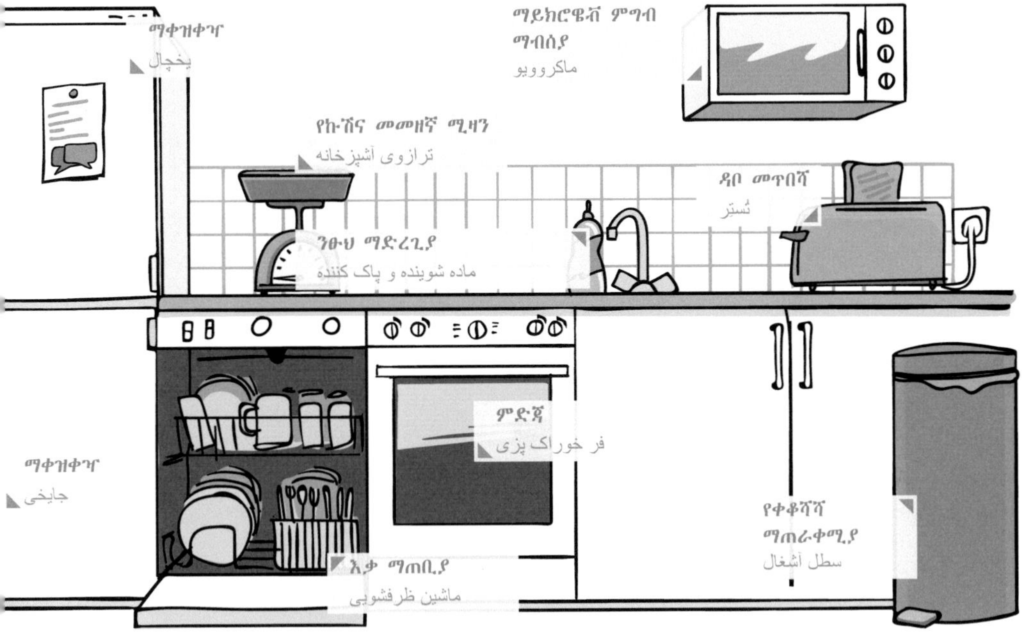

ማቀዝቀዣ
یخچال
ማይክሮዌቭ ምግብ ማብሰያ
ماکروویو
የኩሽና መመዘኛ ሚዛን
ترازوی آشپزخانه
ዳቦ መጥበሻ
تُستر
ንፁህ ማድረጊያ
ماده شوینده و پاک کننده
ምድጃ
فر خوراک پزی
ማቀዝቀዣ
جایخی
የቆሻሻ ማጠራቀሚያ
سطل آشغال
እቃ ማጠቢያ
ماشین ظرفشویی

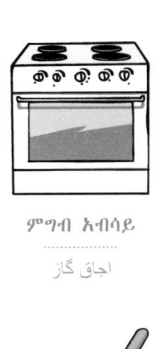

ምግብ አብሳይ

اجاق گاز

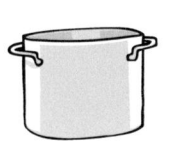

ማሰሮ

قابلمه

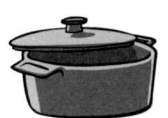

የብረት ማሰሮ

قابلمه چدنی

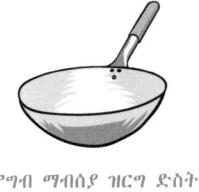

ምግብ ማብሰያ ዝርግ ድስት

ماهی تابه گود

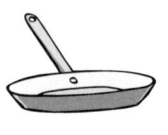

የምግብ መጥበሻ

ماهی تابه

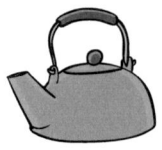

ማንቆርቆሪያ

کتری

የእንፋሎት ማብሰያ

بخارپز

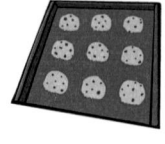

የመጋገሪያ ትሪ

سینی فر

ሰብስቦች

ظرف چینی آشپزخانه

ትልቅ ኩባያ

لیوان

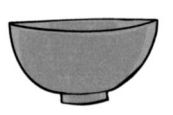

ጎድጓዳ ሳህን

کاسه

ቾፕስቲክስ

چاپستیک

ጭልፋ

ملاقه

መሰቅሰቂያ ዝርግ ማንኪያ

کفگیر

ማደባለቂያ

همزن

መወጠሪያ

آبکش

ወንፊት

آبکش

መፈርፈሪያ መሳሪያ

رنده

ሲሚንቶ

هاون

የፍም ጥብስ

باربیکیو

የተለቀቀ እሳት

محل مخصوص افروختن آتش

መክተፊያ

تخته گوشت و سبزی

ተንሸራታች መርፌ

وردنه

የጠርሙስ መክፈቻ

در بطری بازکن

ጣሳ

قوطی

የጣሳ መክፈቻ

در قوطی بازکن

የማሰሮ መሸፈኛ

دستگیره پارچه ای

ሳህን ማጠቢያ

سینک ظرفشویی

ብሩሽ

برس گردگیری

ስፖንጅ

اسفنج

መደባለቂያ መሳሪያ

مخلوط کن

በጣም ማቀዝቀዣ

فریزر

ጡጦ

شیشه شیر بچه

ቧንቧ

شیر آب

መታጠቢያ ቤት

حمام

ማሞቂያ
بخاری
ፎጣ
حوله
መታጠቢያ
دوش
የመታጠቢያ ቤት መጋረጃ
پرده ی حمام
የአረፋ መታጠቢያ
حمام کف
የመታጠቢያ ገንዳ
وان حمام
ብርጭቆ
لیوان
የልብስ ማጠቢያ
ماشین لباسشویی
ቧንቧ
شیر آب
ማዕዘን ወለል
کاشی
لگن دستشویی کودکان
ሳህን ማጠቢያ
سینک ظرفشویی

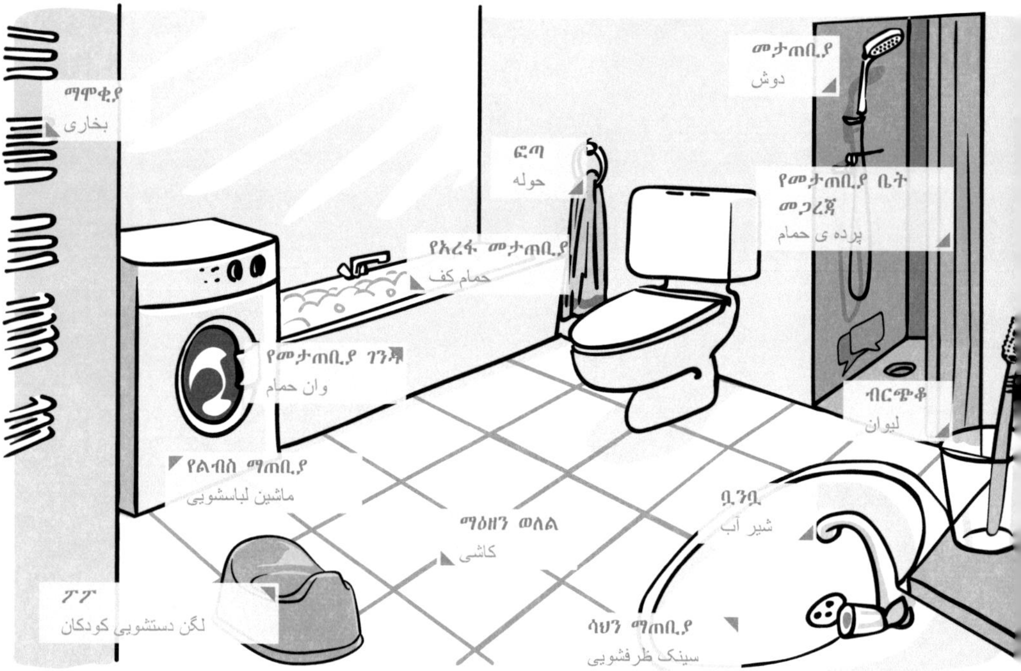

ሽንት ቤት

توالت

የሽንት ቤት መቀመጫ

توالت ایرانی

ሳፋ

کاسه توالت

የመንገድ ዳር መሽኛ

توالت مخصوص آقایان

የሽንት ቤት ወረቀት

دستمال توالت

የሽንት ቤት ማፅጃ ብሩሽ

فرچه توالت

የጥርስ ብሩሽ

مسواک

የጥርስ ሳሙና

خمیردندان

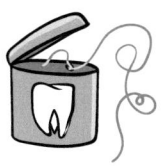

የጥርስ ማፅጃ ክር

نخ دندان

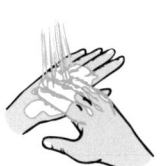

መታጠብ

شستن

የእጅ መታጠቢያ

دوش اب تلفنی

መታጠቢያ

شلنگ توالت

ጎድጓዳ ሳህን

لگن روشویی

የጀርባ ብሩሽ

برس شست و شوی پشت

ሳሙና

صابون

መታጠቢያ የሚዝለገለግ ሳሙና

شامپو بدن

የፀጉር መታጠቢያ ሳሙና

شامپو

ለስላሳ ጨርቅ

لیف حمام

ፍሳሽ

راه اب

ክሬም

کرم

ጠረን መቀየሪያ ንጥረ ነገር

اسپری دئودورانت

መስታወት

آیینه

የእጅ መስታወት

آیینه ی کوچک دستی

ምላጭ

تیغ ریش تراشی

የመላጫ አረፋ

کف ریش‌تراشی

ከመላጨት በኋላ የሚቀባ ሽቱ

افترشیو

ማበጠሪያ

شانه ی سر

ብሩሽ

برس

የፀጉር ማድረቂያ

سشوار

በፀጉር ላይ የሚነፋ

اسپری مو

የፊት መቀባቢያ

آرایش

የከንፈር ቀለም

رژلب

የጥፍር ቀለም

لاک ناخن

የጥጥ ሱፍ

پنبه

ጥፍር መቁረጫ

قیچی ناخن

ሽቶ

عطر

ማጠቢያ ባልዲ

کیف لوازم آرایشی و بهداشتی

መቀመጫ

چهارپایه

ሚዛን

ترازو

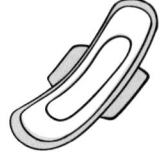

የመታጠቢያ ልብስ

حوله ی پالتویی

የላስቲክ ጓንት

دستکش ظرفشویی

ሞዴስ

تامپون

የፅዳት ፎጣ

نوار بهداشتی

የሽንት ቤት ኬሚካል

توالت سیار

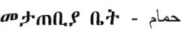

የልጅ ክፍል

اتاق بچه

የማንቂያ ደዉል ሰዐት
ساعت زنگدار
የህፃን አሻንጉሊት
نوعی عروسک نرم به شکل حیوانات
የመጫወቻ መኪና
ماشین اسباب بازی
ማንገጫገጫ መጫወቻ
جغجغه
የአሻንጉሊት ቤት
خانه ی عروسکی
ስጦታ
کادو

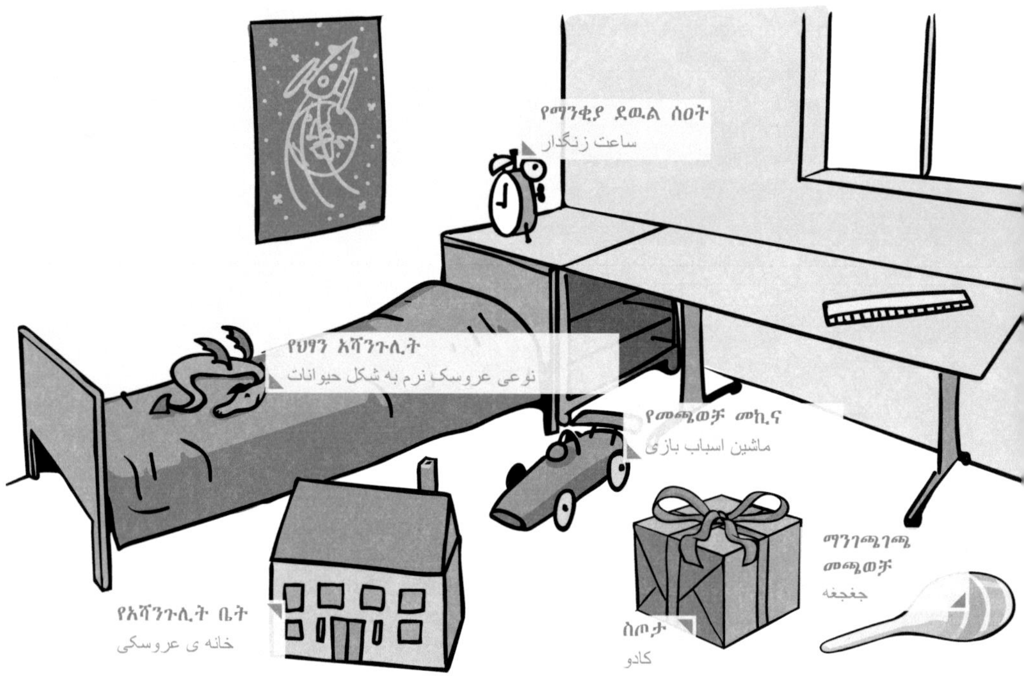

ፊኛ

بادکنک

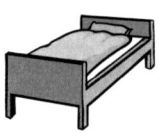

አልጋ

تخت خواب

የህፃን ማንሸራሸሪያ ጋሪ

کالسکه بچه

የካርታ መጫወቻ

بازی ورق

ቁርጥራጭ ምስሎችን የማገጣጠም
እና ምስል የማግኘት ጨዋታ

پازل

አዝናኝ

داستان مصور

ተገጣጣሚ መጫወቻ

اسباب بازی لگو

የመጫወቻ መገጣጠሚያዎች

خانه سازی

የድርጊት ምስል

عروسک شخصیت های فیلم و کارتون

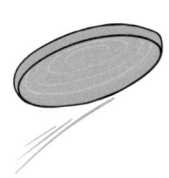

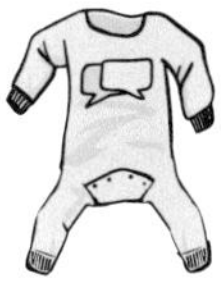

የህፃን እድገት

لباس نوزاد

የፕላስቲክ መጫወቻ ዝርግ ሰሀን

فریزبی

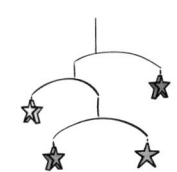

ተወዛዋዥ የህፃን ማጫወቻ

نوعی اسباب بازی که روی تخت نوزاد
یا کودک نصب می شود

የሰሌዳ ጨዋታ

بازی روی صفحه

የመጫወቻ ጠጠር

تاس

የመጫወቻ ባቡር

قطار اسباب بازی

የእንጀራ እናት ጡጦ

پستانک

ድግስ

مهمانی

የስዕል መፅሀፍ

کتاب مصور

ኳስ

توپ

አሻንጉሊት

عروسک

መጫወት

بازی کردن

የአሸዋ መጫወቻ

جعبه شنی مخصوص بازی کودکان

ዥዋዥዌ

تاب

መጫወቻዎች

اسباب بازی

የቪዲዮ መጫወቻ

کنسول بازی های کامپیوتری

ባለ ሶስት ጎማ ብስክሌት

سه چرخه

የአሻንጉሊት ድብ

خرس عروسکی

ቁምሳጥን

کمد لباس

አልባሳት

لباس

ካልሲዎች

جوراب

ስቶኪንጎች

جوراب زنانه ساق بلند

ታይት

جوراب شلواری

የአንገት ልብስ
شال

ዣንጥላ
چتر

ከናቴራ
تی شرت

ቀበቶ
کمربند

ቦቲ
پوتین

ስኒከሮች
کفش ورزشی کتانی

የቤት ውስጥ ነጠላ ጫማ
دمپایی

ነጠላ ጫማዎች

صندل

ጫማዎች

کفش

የዝናብ ቡትስ

چکمه پلاستیکی

ሙታንታ

شرت

ጡት መያዣ

سوتین

ሰደርያ

جلیقه

ሰዉነት

بادی

ሱሪዎች

شلوار

ጅንስ

جین

ጉርድ ቀሚስ

دامن

ሸሚዝ

بلوز

ሸሚዝ

پیراهن

የሚጠለቅ ሹራብ

پولیور

ሹራብ

سویی شرت

ዩኒፎርም ጃኬት

نوعی کت

ጃኬት

ژاکت

ኮት

کت بلند

የዝናብ ኮት

بارانی

ልብስ

لباس نمایش

ቀሚስ

لباس

የሙሽራ ቀሚስ

لباس عروس

ሱፍ

کت و شلوار

የለሊት ልብስ

لباس خواب زنانه

የለሊት ልብስ

پیژامه

ረጅም ቀሚስ

ساری

ሂጃብ

روسری

ጥምጣም

عمامه

ቡርቃ

برقع

ሸርጥ

قبا

አባያ

عبا

የዋና ልብስ

لباس شنا

አጭር ቁምጣ

شرت شنا

ቁምጣዎች

شلوارک

የስራ ቱታ

لباس ورزشی

ሽርጥ

پیشبند

ጓንት

دستکش

ቁልፍ

دکمه

መነፅር

عینک

አምባር

دستبند

የአንገት ሀብል

گردنبند

ቀለበት

انگشتر

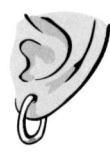

የጆሮ ጌጥ

گوشواره

ኮፍያ

کلاه لبه دار

የኮት መስቀያ

چوب لباسی

ኮፍያ

کلاه

ከረቫት

کراوات

ዚፕ

زیپ

የብረት ቆብ

کلاه ایمنی

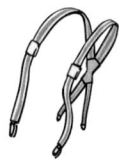

መደገፊያ

بند شلوار

የትምህርት ቤት የደንብ ልብስ

لباس مدرسه

የደንብ ልብስ

لباس فرم

መሃረብ

پیش بند بچه

የእንጀራ እናት ጡጦ

پستانک

ሽንት ጨርቅ

پوشک بچه

ቢሮ

اداره

ማሰራጫ ጣቢያ
سرور
የፋይል መደርደሪያ ካቢኔ
کمد نگهداری پرونده
የህትመት መሳሪያ
چاپگر
ወረቀት
کاغذ
መቆጣጠሪያ
مانیتور
ማዉዝ
ماوس
መፃፊያ ጠረጴዛ
میز تحریر
ማህደር
زونکن
የመፃፊ ቁልፎች
صفحه کلید
የቆሻሻ ወረቀት መጣያ ቅርጫት
سبد کاغذ باطله
ኮምፒዉተር
کامپیوتر
ወንበር
صندلی

የቡና መጠጫ ትልቅ ኩባያ

لیوان قهوه

ማስልያ ማሽን

ماشین حساب

ኢንተርኔት

اینترنت

ላፕቶፕ

لپ تاپ

ደብዳቤ

نامه

መልዕክት

پیغام

ተንቀሳቃሽ ስልክ

تلفن همراه

የግንኙነት አዉታር

شبکه ی ارتباطی

ማባዣ ማሽን

دستگاه فتوکپی

ሶፍትዌር

نرم افزار

ስልክ

تلفن

የግድግዳ ሶኬት

پریز

የፋክስ ማሽን

دستگاه فاکس

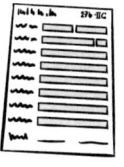

ቅፅ

فرم

ሰነድ

مدرک

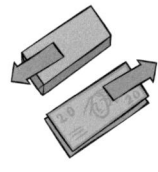

መግዛት

خریدن

መክፈል

پرداخت کردن

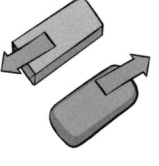

መነገድ

تجارت کردن

ገንዘብ

پول

USD

ዶላር

دلار

EUR

ዩሮ

یورو

JPY

የን

ین

RUB

ሩብል

روبل

CHF

የስዊዝ ፍራንክ

فرانک سوئیس

CNY

ሬንሚንቢ ዩዋን

یوان رنمینبی

ሩጲ

روپیه

የገንዘብ ነጥብ

دستگاه خودپرداز

የዉጭ ገንዘብ ምንዛሪ ቢሮ

صرافی

ወርቅ

طلا

ብር

نقره

ዘይት

نفت

ሀይል፤ ጉልበት

انرژی

ዋጋ

قیمت

ግንኙነት

قرارداد

ቀረጥ

مالیات

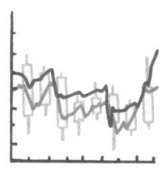

አክስዮን

سهام سرمایه

መስራት

کار کردن

ተቀጣሪ

کارمند

ቀጣሪ

کارفرما

ፋብሪካ

کارخانه

ሱቅ

مغازه

የስራ ሙያዎች

مشاغل

የፖሊስ አዛዥ
مامور پلیس
የእሳት አደጋ ሰራተኛ
آتش نشان
ምግብ አብሳይ
آشپز
ዶክተር
دکتر
አብራሪ
خلبان

አትክልተኛ

باغبان

አናጢ

نجار

ልብስ ሰፊ ሴት

خیاط زنانه

ዳኛ

قاضی

ቀማሚ

شیمیدان

ተዋናይ

بازیگر

የአዉቶቢስ ሹፌር

راننده اتوبوس

የታክሲ ሹፌር

راننده تاکسی

አሳ አጥማጅ

ماهیگیر

ፅዳት ሰራተኛ

نظافتچی زن

የጣራ ሰራተኛ

سقف ساز

አስተናጋጅ

پیشخدمت رستوران

አዳኝ

شکارچی

ሰዓሊ

نقاش

ጋጋሪ

نانوا

የኤሌትሪክ ሰራተኛ

برقکار

ግምቢ

کارگر ساختمانی

መሃንዲስ

مهندس

ልኳንዳ

قصاب

የቧንቧ ሰራተኛ

لوله کش

የፖስታ ሰራተኛ

پستچی

ወታደር

سرباز

መሃንዲስ

معمار

የሒሳብ ሰራተኛ

صندوقدار

አበባ ሻጭ

گل فروش

የፀጉር ሰራተኛ

آرایشگر

ቲኬት ቆራጭ

مامور کنترل بلیط در قطار

መካኒክ

مکانیک

ካፒቴን

ناخدا

የጥርስ ሐኪም

دندانپزشک

ተመራማሪ

دانشمند

መምህር

عالم یهودی

የሙስሊም ሃይማኖታዊ መሪ

امام

መነኩሴ

راهب

ካህን

کشیش

መሳሪያዎች

ابزارآلات

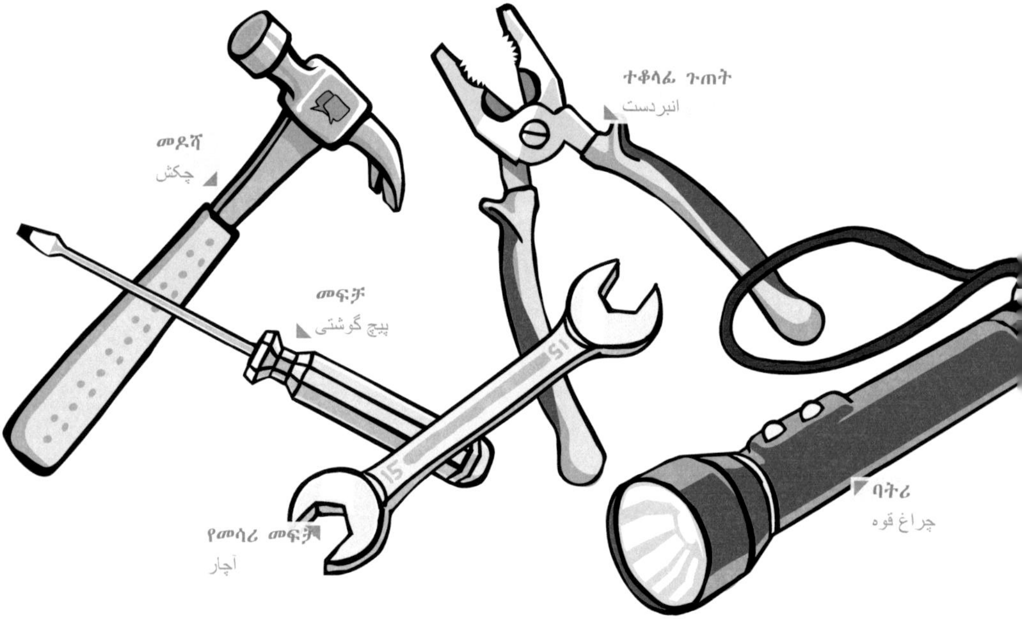

መዶሻ
چکش
ተቆላፊ ጉጠት
انبردست
መፍቻ
پیچ گوشتی
የመሳሪ መፍቻ
آچار
ባትሪ
چراغ قوه

በቁፋሮ የሚዝቅ

بیل مکانیکی

የመፍቻ ሳጥን

جعبه ابزار

መሰላል

نردبان

መጋዝ

ارّه

ምስማር

میخ

መሰርሰሪያ

مته

መጠገን

تعمیر کردن

አካፋ

بیل

የተረገመ!

لعنتی!

ቆሻሻ ማፈሻ

خاک انداز

የቀለም ቆርቆሮ

سطل رنگرزی

ብሎን

پیچ

የሙዚቃ መሳሪያዎች

آلات موسیقی

የድምፅ ማጉያ መሳርያ

بلندگو

የከበሮ መሳሪያዎች

درامز

ድርብ ቤዝ ጊታር

کنترباس

ክራር መሰል የሙዚቃ መሳሪያ

گیتار

የትንፋሽ ሙዚቃ መሳሪያ

ترومپت

ፒያኖ

پیانو

ቫዮሊን

ویولن

ወፍራም፤ ጎርናና ድምፅ ያለዉ ክራር መሰል ሙዚቃ መሳሪያ

گیتار بیس

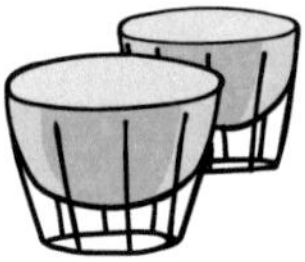

ነጋሪት

تیمپانی

ከበሮ

طبل

በኤሌክትሪክ የሚሰራ ፒኖ

کیبورد الکتریک

የትንፋሽ ሙዚቃ መሳሪያ

ساکسیفون

ዋሽንት

فلوت

የድምፅ ማጉያ

میکروفون

የደር እንስሳት ማቆያ

باغ وحش

ነብር
ببر
መግቢያ
ورودی
ሳጥን
የሜዳ አህያ
گورخر
የእንስሳ ምግብ
خوراک حیوانات
ትልቅ ድብ
خرس پاندا

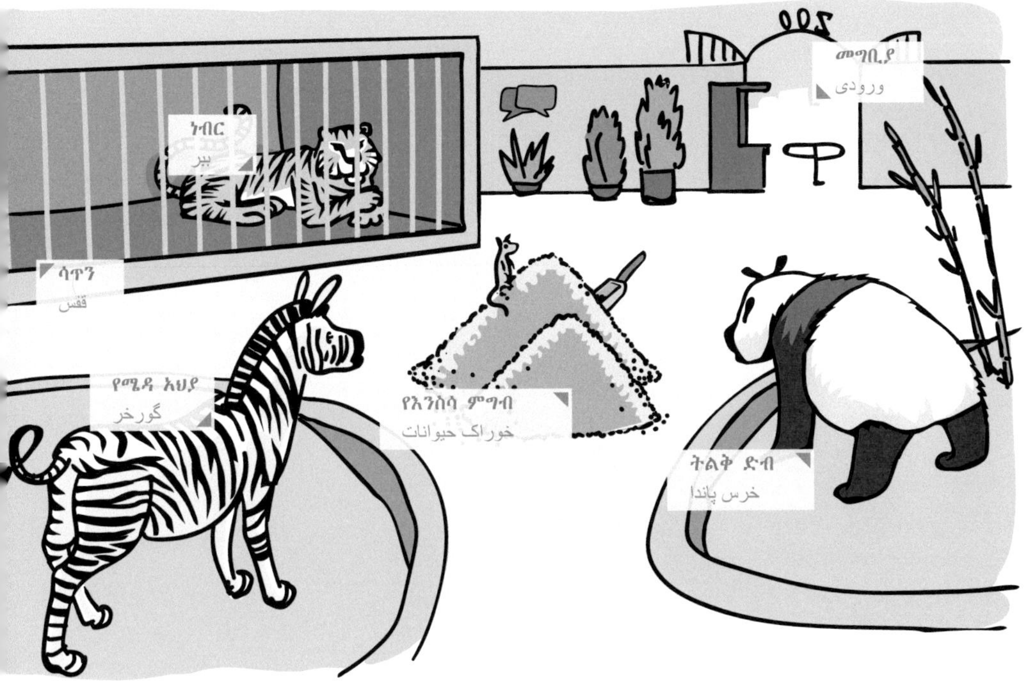

እንስሳቶች

حیوانات

ዝሆን

فیل

ካንጋሮ

کانگورو

አዉራሪስ

کرگدن

ትልቅ ዝንጀሮ

گوریل

ድብ

خرس

ግመል

شتر

ሰጎን

شترمرغ

አንበሳ

شیر

ጦጣ

میمون

ቅልጥመ ረዥም ወፍ

فلامینگو

በቀቀን

طوطی

የወዋልታ ድብ

خرس قطبی

የዋልታ ወፎች

پنگوئن

ረጅም ጥርሶች ያሉትአሳ ነባሪ

کوسه

ጣዎስ

طاووس

እባብ

مار

አዞ

تمساح

የዱር አራዊት የሚጠበቁበት ማቆያን የሚጠብቅ

نگهبان باغ وحش

አሳ በሊታ የባህር እንስሳ

خوک آبی

የዱር ድመት

پلنگ امریکایی

ድንክ ፈረስ

اسب کوچک

ነብር

پلنگ

ጉማሬ

اسب آبی

ቀጭኔ

زرافه

ንስር

عقاب

ከርከሮ

گراز

አሳ

ماهی

የባህር ኤሊ

لاک پشت

የባህር አዉሬ

شیرماهی

ቀበሮ

روباه

የሜዳ ፍየል፤ ሚዳቋ

غزال

የስፖርት አይነቶች

ورزش ها

የአሜሪካ እግርኳስ
فوتبال آمریکایی
የብስክሌት ስፖርት
دوچرخه سواری
ቴኒስ
تنیس
የቅርጫት ኳስ
بسکتبال
ዋና
شنا
የቡጢ ስፖርት
بوکس
የበረዶ ላይ የገና ጨዋታ
هاکی روی یخ

እግር ኳስ

فوتبال

የላበ ኳስ ጨዋታ

بدمینتون

አትሌቲክስ

دوومیدانی

የእጅ ኳስ ስፖርት

هندبال

የበረዶ መንሸራተት ስፖርት

اسکی

ፈረስ ግልቢያ

پولو

እንቅስቃሴዎች
فعالیت ها

መሳቅ
خندیدن
መዝለል
پریدن
ማቀፍ
بغل کردن
መራመድ
راه رفتن
መዘመር
آواز خواندن
ህልም ማለም
رؤیا دیدن
መፀለይ
دعا کردن
መሳም
بوسیدن

መፃፍ

نوشتن

መሳል

رسم کردن

ማሳየት

نشان دادن

መግፋት

هل دادن

መስጠት

دادن

መዉሰድ

برداشتن

መያዝ

داشتن

ማድረግ

انجام دادن

መሆን

بودن

መቆም

ایستادن

መሮጥ

دویدن

መሳብ

کشیدن

መወርወር

پرتاب کردن

መውደቅ

افتادن

መዋሸት

دراز کشیدن

መጠበቅ

منتظر بودن

መሸከም

حمل کردن

መቀመጥ

نشستن

መልበስ

لباس پوشیدن

መተኛት

خوابیدن

መንቃት

بیدار شدن

መመልከት

....

تماشا کردن

ማለልቀስ

....

گریه کردن

መጫር

....

نوازش کردن

ማበጠር

....

شانه کردن

ማዉራት

....

حرف زدن

መረዳት

....

فهمیدن

ጥያቄ

....

پرسیدن

ማዳመጥ

....

شنیدن

መጠጣት

....

آشامیدن

መብላት

....

خوردن

ማንፃት

....

مرتب کردن

ማፍቀር

....

عاشق بودن

ምግብ ማብሰል

....

پختن

መንዳት

....

رانندگی کردن

መብረር

....

پرواز کردن

መርከብ መንዳት

قایقرانی کردن

ቁጥሮችን ማስላት

محاسبه کردن

ማንበብ

خواندن

መማር

یاد گرفتن

መስራት

کار کردن

ማግባት

ازدواج کردن

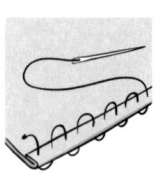

መስፋት

دوختن

ጥርስ መቦረሽ

مسواک زدن

መግደል

کشتن

ማጨስ

سیگار کشیدن

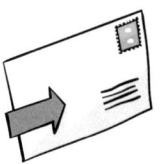

መላክ

فرستادن

ቤተሰብ

خانواده

የሴት አያት
مادربزرگ
የወንድ አያት
پدربزرگ
አባት
پدر
እናት
مادر
ህፃን
کودک
ሴት ልጅ
فرزند دختر
ወንድ ልጅ
فرزند پسر

እንግዳ

مهمان

አክስት

خاله، عمه

አጎት

دایی، عمو

ወንድም

برادر

እህት

خواهر

አካል

بدن

ግንባር
پیشانی
አይን
چشم
شانه
ጣት
انگشت دست
ፊት
صورت
አገጭ
چانه
እጅ
دست
እግር
ساق پا
ጡት
سینه
ክንድ
بازو

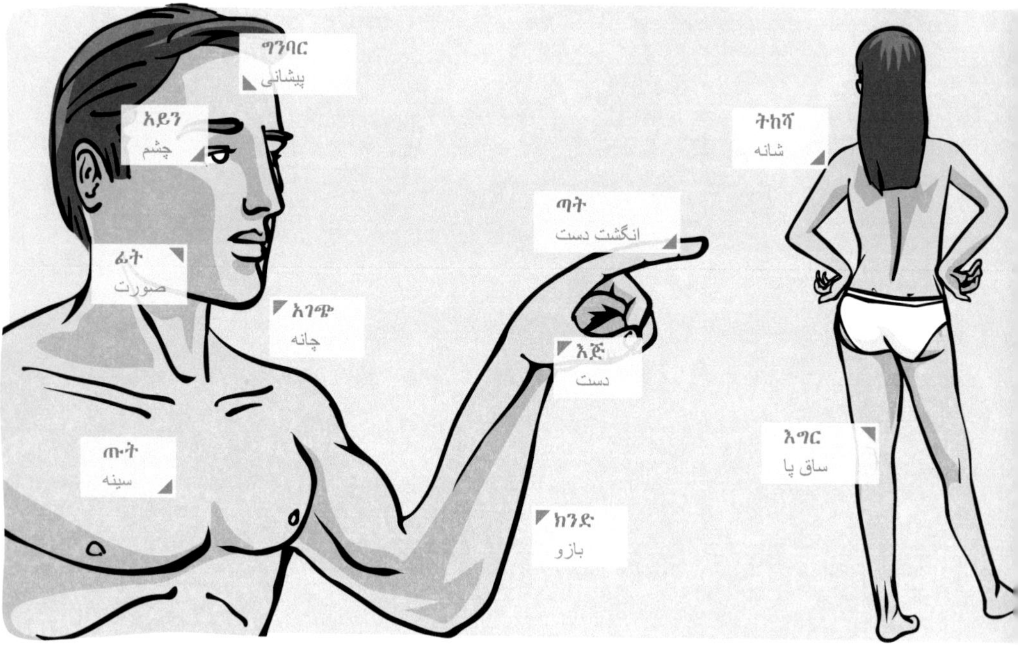

ህፃን

کودک

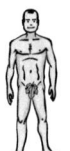

ሰዉ

مرد

ሴት

زن

ልጃገረድ

دختربچه

ወንድ ልጅ

پسربچه

ራስ

کله

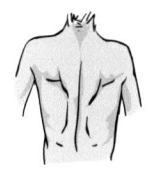

ጀርባ

کمر

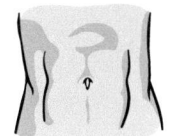

ሆድ

شکم

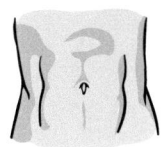

እምብርት

ناف

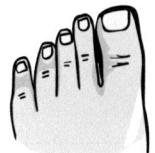

የእግር ጣት

انگشت پا

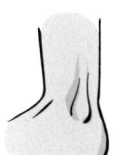

ተረከዝ

پاشنه

አጥንት

استخوان

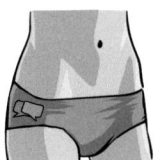

ዳሌ

لگن

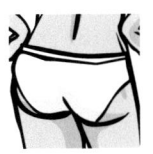

ጉልበት

زانو

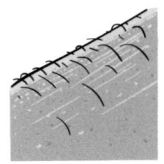

ክርን

آرنج

አፍንጫ

بینی

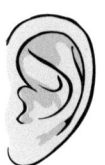

ቂጥ

نشیمنگاه

ቆዳ

پوست

ጉንጭ

گونه

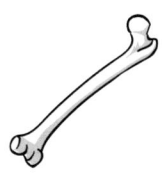

ጆሮ

گوش

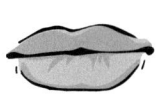

ከንፈር

لب

አፍ

دهان

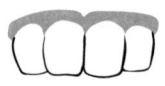

ጥርስ

دندان

ምላስ

زبان

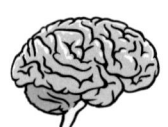

አንጎል

مغز

ልብ

قلب

ጡንቻ

عضله

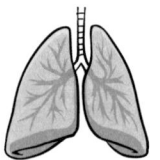

ሳምባ

ریه

ጉበት

کبد

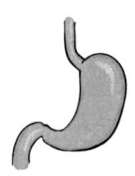

ሆድ

معده

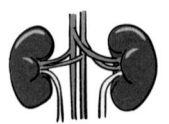

ኩላሊቶች

کلیه

የግብረ ስጋ ግንኙነት

آمیزش جنسی

ኮንዶም

کاندوم

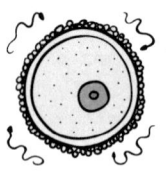

የሴት እንቁላል

تخمک

የዘር ፈሳሽ

اسپرم

እርግዝና

حاملگی

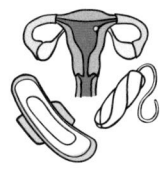

የወር አበባ

پریود

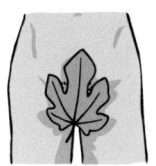

እምስ

واژن

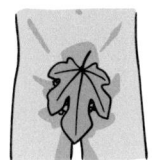

ቁላ

آلت تناسلی مرد

ቅንድብ

ابرو

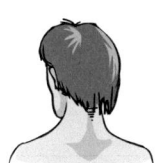

ፀጉር

مو

አንገት

گردن

ሆስፒታል
بیمارستان

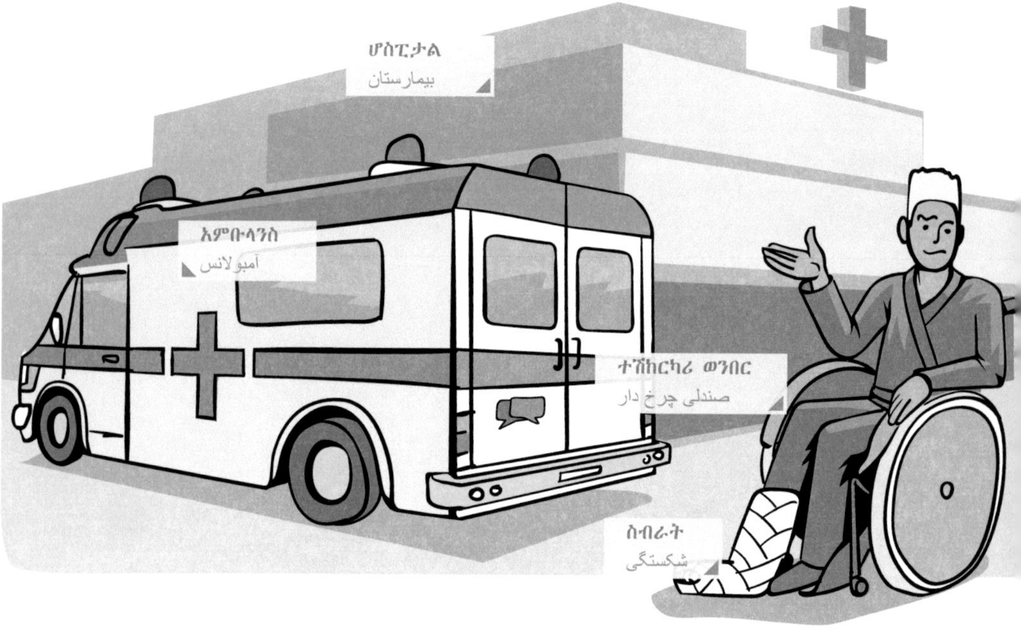

ሆስፒታል
بیمارستان
አምቡላንስ
آمبولانس
ተሽከርካሪ ወንበር
صندلی چرخ دار
ስብራት
شکستگی

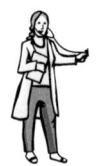

ዶክተር

دکتر

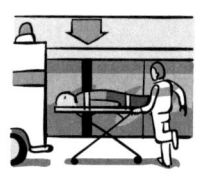

ድንገተኛ ክፍል

بخش اورژانس

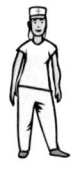

ነርስ

پرستار

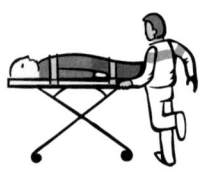

ድንገተኛ

موقعیت اضطراری

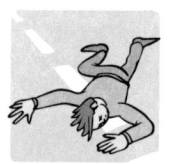

ራስን መሳት/ አለማወቅ

بی هوش

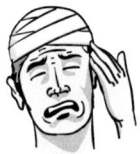

ህመም

درد

ጉዳት

مصدومیت

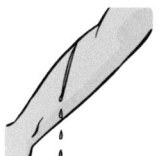

መድማት

خونریزی

የልብ ድካም

سکته قلبی

ስትሮክ

سکته مغزی

አለርጂ

آلرژی

ሳል

سرفه

ትኩሳት

تب

ኢንፍሉዌንዛ

آنفولانزا

ተቅማጥ

اسهال

የራስ ምታት

سردرد

ካንሰር

سرطان

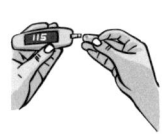

የስኳር በሽታ

دیابت

ቀዶ ጠጋኝ ሐኪም

جراح

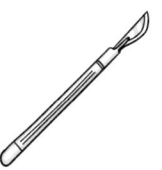

የቀዶ ጥገና ስለት

چاقوی جراحی

ቀዶ ጥገና

عمل جراحی

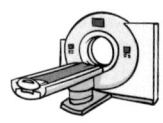

ሲቲ

سی تی اسکن

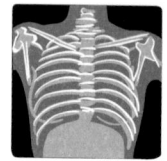

ኤክስሬዮ

پرتونگاری

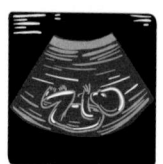

አልትራሳዉንድ

سونوگرافی

የፊት ጭምብል

ماسک صورت

በሽታ

بیماری

መጠበቂያ ክፍል

اتاق انتظار

ምርኩዝ

چوب زیر بغل

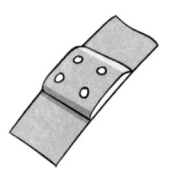

የቁስል ማሸጊያ

چسب زخم

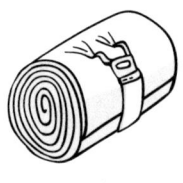

ፋሻ

پانسمان

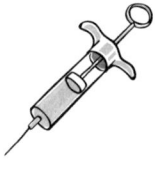

መርፌ

تزریق

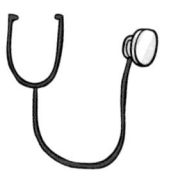

የልብ ምት ማዳመጫ መሳሪያ

گوشی طبی

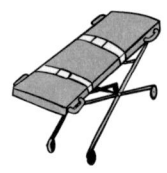

የበሽተኛ አልጋ

برانکار

የህክምና ሙቀት መለኪያ መሳሪያ

دماسنج

መውለድ

زایش

ከልክ ያለፈ ክብደት

اضافه وزن

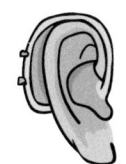

ለመስማት የሚረዳ መሳሪያ

سمعک

ፀረ ተባይ መድሀኒት

ماده ضد غفونی کننده

ማመርቀዝ

عفونت

ቫይረስ

ویروس

ኤች አይቪ ኤድስ

اچ آی وی / ایدز

ህክምና

دارو

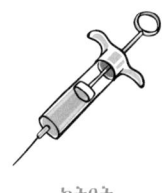

ክትባት

واکسیناسیون

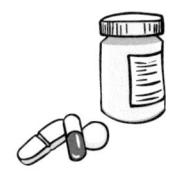

ኪኒን

قرص

ኪኒን

قرص ضد حاملگی

አስቸኳይ የስልክ ጥሪ

تماس اظطراری

ደም ግፊት መቆጣጠሪያ

دستگاه اندازه گیری فشارخون

ህመም/ ጤንነት

مریض / سالم

ድንገተኛ
موقعیت اضطراری

እርዳታ!

کمک!

ማንቂያ ደዉል

آژیر خطر

ጥቃት

حمله

ድብደባ

حمله ی فیزیکی

አደጋ

خطر

የድንገተኛ መዉጫ

خروج اظطراری

እሳት!

آتش

እሳት ማጥፊያ

کپسول آتش‌نشانی

አደጋ

تصادف

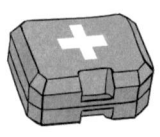

የመጀመሪያ እርዳታ መድሃኒት መያዣ

جعبه کمک های اولیه

ነፍስ አድን

درخواست کمک

ፖሊስ

پلیس

አዉሮፓ

اروپا

ሰሜን አሜሪካ

آمریکای شمالی

ደቡብ አሜሪካ

آمریکای جنوبی

አፍሪካ

آفریقا

እስያ

آسیا

አዉስትራሊያ

استرالیا

አትላንቲክ

اقیا نوس اطلس

ፓስፊክ

اقیانوس آرام

የህንድ ዉቅያኖስ

اقیانوس هند

አንታርክቲክ ዉቅያኖስ

اقیا نوس اطلس جنوبی

አርክቲክ ዉቅያኖስ

اقیانوس منجمد شمالی

ሰሜን ዋልታ

قطب شمال

ደቡብ ዋልታ

قطب جنوب

አንታርክቲካ

قاره قطب جنوب

ምድር

کره زمین

መሬት

سرزمین

ባህር

دریا

ደሴት

جزیره

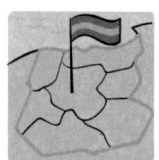

አገርና ህዝብ

ملت

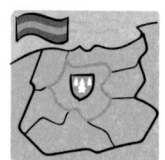

መንግስት

کشور

ሰዓት
ساعت

የሰዓት ገፅታ

....

صفحه ی ساعت

ሰዓት

....

ساعت شمار

ደቂቃ

....

دقيقه شمار

ሴኮንድ

....

ثانيه شمار

ስንት ሰዓት ነው?

....

ساعت چند است؟

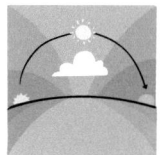

ቀን

....

روز

ጊዜ

....

زمان

አሁን

....

اکنون

የቁጥር ሰዐት

....

ساعت ديجيتال

ደቂቃ

....

دقيقه

ሰዓታት

....

ساعت

ሳምንት

هفته

MO
TU
W
TH
FR
SA
SO
ሰኞ
دوشنبه
ማክሰኞ
سه شنبه
ረቡዕ
چهارشنبه
ሐሙስ
پنج شنبه
جمعه
ቅዳሜ
شنبه
እሁድ
یک شنبه

ትላንት

دیروز

ዛሬ

امروز

ነገ

فردا

ማለዳ

صبح

ቀትር

ظهر

ምሽት

غروب

የስራ ቀናት

روزهای کاری

የዕረፍት ቀናት

آخر هفته

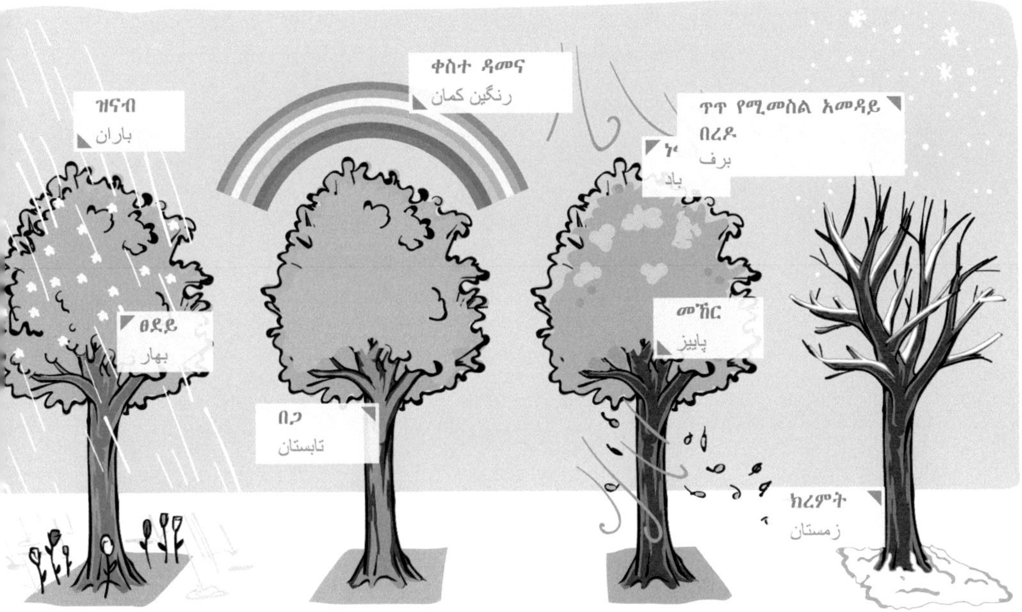

ዝናብ
باران

ቀስተ ዳመና
رنگین کمان

ጥጥ የሚመስል አመዳይ
በረዶ
برف

ፀደይ
بهار

ንፋስ
باد

መኸር
پاییز

በጋ
تابستان

ክረምት
زمستان

የአየር ሁኔታ ትንበያ

پیش‌بینی اوضاع جوی

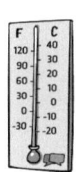

የሙቀት መለኪያ

دماسنج

የፀሀይ ሙቀት

تابش آفتاب

ደመና

ابر

ጭጋግ

مه

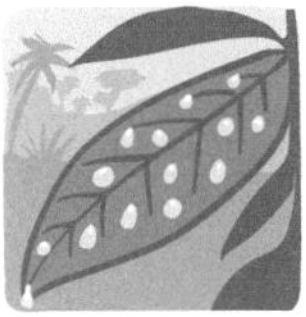

እርጥበታማነት

رطوبت هوا

መብረቅ

صاعقه

ነጎድጓድ

آسمان غره

አዉሎ ንፋስ

طوفان

የበረዶ ዝናብ

تگرگ

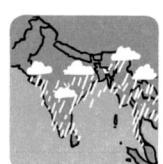

አዉሎ ንፋስ

باد موسمی

ጎርፍ

سیل

በረዶ

یخ

ጥር

ژانویه

የካቲት

فوریه

መጋቢት

مارس

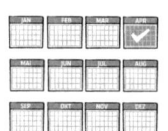

ሚያዚያ

آوریل

ግንቦት

مه

ሰኔ

ژوئن

ሐምሌ

ژوئیه

ነሀሴ

آگوست

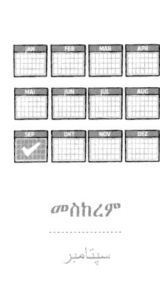

መስከረም

سپتامبر

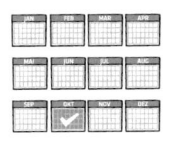

ጥቅምት

اکتبر

ህዳር

نوامبر

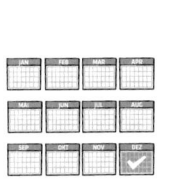

ታህሳስ

دسامبر

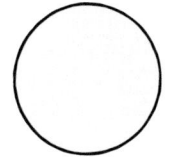

ቅርፆች

اَشکال

ክብ

دایره

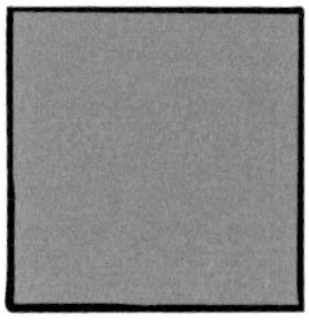

አራት ማዕዘን

مربع

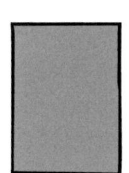

አራት ቀጥተኛ ማዕዘኖች ጎኖች ያሉት ቅርፅ

مستطیل

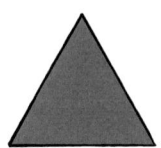

ሶስት ማዕዘን

سه گوش

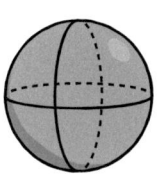

ሉል

کُره

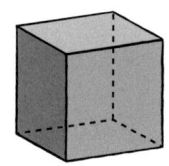

ስድስት ጎን ያለዉ ቅርፅ

مکعب مربع

ቀለማት
رنگ ها

ነጭ

سفید

ቢጫ

زرد

ብርቱካናማ

نارنجی

ሮዝ

صورتی

ቀይ

قرمز

ወይን ጠጅ

بنفش

ሰማያዊ

آبی

አረንጓዴ

سبز

ቡኒ

قهوه ای

ግራጫ

خاکستری

ጥቁር

سیاه

ተቃራኒዎች

متضاد ها

ብዙ/ ጥቂት

خیلی / کم

ንዴት/ እርጋታ

خشمگین/ آرام

ቆንጆ/ አስቀያሚ

زیبا / زشت

ጅማሬ/ ፍፃሜ

شروع / پایان

ትልቅ/ ትንሽ

بزرگ / کوچک

ደማቅ/ ደብዛዛ

روشن / تیره

ወንድም/ እህት

برادر / خواهر

ንፁህ/ ቆሻሻ

تمیز / آلوده

የተሟላ/ ያልተሟላ

کامل / ناقص

ቀን/ ምሽት

روز / شب

የሞተ/ ህያዉ

مرده / زنده

ሰፊ/ ጠባብ

پهن / باریک

የሚበላ/ የማይበላ

قابل خوردن / غیر قابل خوردن

ክፉ/ ደግ

غضبناک / مهربان

ደስተኛ/ ድብርተኛ

هیجان زده / بی حوصله

ወፍራም/ ቀጭን

چاق / لاغر

መጀመርያ/ መጨረሻ

اولین / آخرین

ጓደኛ/ ጠላት

دوست / دشمن

ሙሉ/ ጎዶሎ

پر / خالی

ጠንካራ/ ለስላሳ

سفت / نرم

ከባድ/ ቀላል

سنگین / سبک

ረሃብ/ ጥማት

گرسنگی / تشنگی

ህመም/ ጤንነት

مریض / سالم

ህገወጥ/ ህጋዊ

غیرقانونی / قانونی

ጎበዝ/ ደደብ

باهوش / خنگ

ግራ/ ቀኝ

چپ / راست

ቅርብ/ ሩቅ

نزدیک / دور

አዲስ/ አሮጌ

نو / استفاده شده

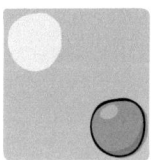

ምንም/ የሆነ ነገር

هیچ چیز / چیزی

ሽማግሌ/ ወጣት

پیر / جوان

የበራ/ የጠፋ

روشن / خاموش

ክፍት/ ዝግ

باز / بسته

ፀጥታ/ ጫጫታ

آهسته / بلند

ሃብታም/ ደሃ

ثروتمند / فقیر

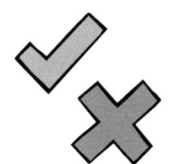

ትክክለኛ/ የተሳሳተ

درست / غلط

ሻካራ/ ለስላሳ

زبر / صاف

ሐዘን/ ደስታ

غمگین / خوشحال

አጭር/ ረዥም

کوتاه / بلند

ዝግተኛ/ ፈጣን

کند / تند

እርጥብ/ ደረቅ

تر / خشک

ሞቃት/ ቀዝቃዛ

گرم / خنک

ጦርነት/ ሰላም

جنگ / صلح

ቁጥሮች

اعداد

0
ዜሮ
صفر

1
አንድ
یک

2
ሁለት
دو

3
ሶስት
سه

4
አራት
چهار

5
አምስት
پنج

6
ስድስት
شش

7
ሰባት
هفت

8
ስምንት
هشت

9
ዘጠኝ
نه

10
አስር
ده

11
አስራ አንድ
یازده

12

አስራ ሁለት

دوازده

13

አስራ ሶስት

سیزده

14

አስራ አራት

چهارده

15

አስራ አምስት

پانزده

16

አስራ ስድስት

شانزده

17

አስራ ሰባት

هفده

18

አስራ ሰስምንት

هجده

19

አስራ ዘጠኝ

نوزده

20

ሃያ

بیست

100

መቶ

صد

1.000

ሺህ

هزار

1.000.000

ሚሊዮን

میلیون

ቋንቋዎች

زبان ها

እንግሊዝኛ

انگلیسی

የአሜሪካ እንግሊዝኛ

انگلیسی آمریکایی

የቻይና ማንዳሪን

چینی ماندارین

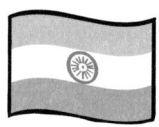

ሂንዱ

هندی

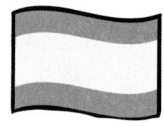

ስፓኒሽ

اسپانیایی

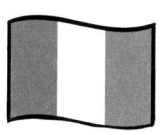

ፍሬንች

فرانسوی

አረብኛ

عربی

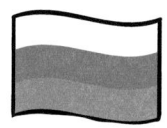

ራሺያኛ

روسی

ፖርቹጊዝ

پرتغالی

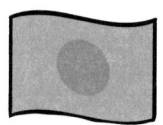

ቤንጋሊ

بنگالی

ጀርመን

آلمانی

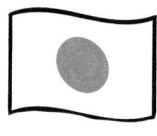

ጃፓንኛ

ژاپنی

ማን/ ምን/ እንዴት
چه کسی / چه چیزی / چگونه

እኔ

من

አንተ

تو

እሱ/ እርሷ/ እቃዉ

او

እኛ

ما

አንተ

شما

እነርሱ

انها

ማን?

چه کسی؟ کی؟

ምን?

چی؟

እንዴት?

چگونه؟

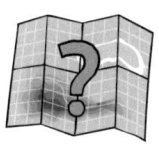

የት?

کجا؟

መቼ?

کی؟

HELLO, I AM

ስም

نام

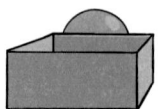

የት
کجا

በስተጀርባ

پشت

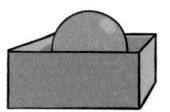

ውስጥ

توی

ከፊት ለፊት

جلو

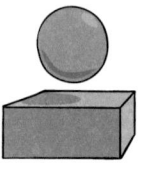

ከላይ

بالای

ላይ

روی

ከስር

زیر

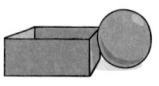

አጠገብ

مجاور

መሃከል

بین

ቦታ

مکان